# PROJET DE LOI

SUR LES

# SOCIÉTÉS PAR ACTIONS

# RAPPORT

PRÉSENTÉ PAR

## Me PAUL MARIA

*Notaire à Marseille*

## JUIN 1906

MARSEILLE
IMPRIMERIE MARSEILLAISE
Rue Sainte, 39
—
1906

# PROJET DE LOI

SUR LES

# SOCIÉTÉS PAR ACTIONS

# RAPPORT

PRÉSENTÉ PAR

## Mᵉ Paul MARIA

*Notaire à Marseille*

## JUIN 1906

MARSEILLE
IMPRIMERIE MARSEILLAISE
Rue Sainte, 39
—
**1906**

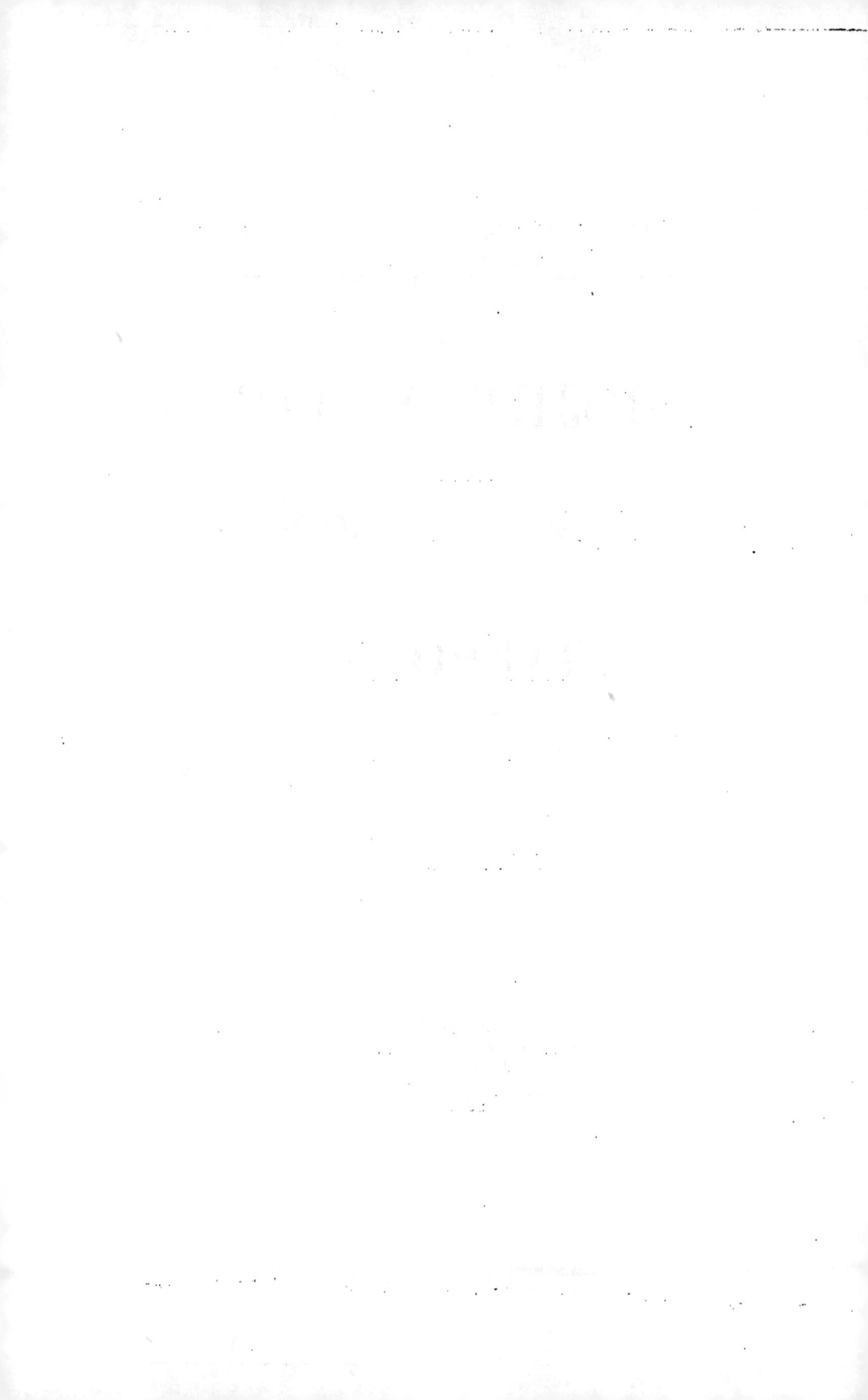

# SEIZIÈME CONGRÈS DES NOTAIRES DE FRANCE

## Tenu à Marseille

Séance du 6 Juin 1906

## PROJET DE LOI

### SUR LES

## SOCIÉTÉS PAR ACTIONS

Rapport présenté par Mᵉ Paul Maria, notaire à Marseille.

MESSIEURS,

La réforme de la loi sur les Sociétés par actions est une des questions qui préoccupent à juste titre le monde des affaires. Chaque fois qu'un sinistre se produit, et il s'en produit malheureusement souvent, le public ne manque pas d'accuser la loi d'être insuffisante à le protéger, et les spécialistes se demandent dans quelle mesure le législateur devrait intervenir pour donner aux capitaux le maximum de sécurité.

C'est ainsi qu'une Commission extra-parlementaire a été instituée par arrêté de M. le Garde des Sceaux, Ministre de la Justice, le 21 juin 1902, sous la présidence de l'éminent professeur de la Faculté de Paris, M. Lyon-Caen, membre de l'Institut, pour étudier les modifications qu'il conviendrait d'apporter à la législation des Sociétés par actions, et cette Commission a élaboré un projet de loi qui a été déposé le 3 avril 1903 à la Chambre des Députés.

C'est de ce projet de loi que je vais avoir l'honneur de vous entretenir.

Mais, avant de pénétrer au cœur de la question, il n'est peut-être pas superflu de jeter un rapide coup d'œil en arrière pour suivre les phases successives de la législation antérieure.

I

Sans remonter aux premiers exemples donnés par la Banque de Saint-Georges à Gênes au XVᵉ siècle, et par les Compagnies de colonisation au XVIIᵉ, ni même au droit intermédiaire qui décrète tour à tour la liberté et l'interdiction des Sociétés par actions, nous trouvons, dans l'article 37 du Code de 1807, la consécration d'une demi-mesure. Cet article déclare libre la Société en commandite, mais il soumet la Société anonyme à l'autorisation du Gouvernement.

A la faveur de la liberté dont jouirent alors les Sociétés en commandite par actions, le public usa et abusa de cette forme qui amena bien des catastrophes dont l'épargne publique fit tous les frais. C'est pour mettre un frein à ces abus, qu'en 1856, une loi du 17 juillet vint enfin réglementer les commandites par actions, tout en laissant subsister, pour les Sociétés anonymes, l'autorisation gouvernementale, autorisation, d'ailleurs, que la loi du 23 mai 1863 supprima pour les Sociétés dites « à responsabilité limitée », dont le capital ne pouvait excéder 20 millions de francs.

Mais les Sociétés à responsabilité limitée ne vécurent que peu d'années ; elles furent bientôt supprimées par la loi du 24 juillet 1867, véritable monument de législation, qui a définitivement placé les Sociétés en commandite par actions et les Sociétés anonymes sous le régime de liberté relative dont elles jouissent actuellement.

Indépendamment des grandes Compagnies de Chemins de fer créées sous l'empire d'une loi spéciale du 15 juillet 1845, la loi de 1867 a vu naître, sous sa protection, les plus belles entreprises. De grandes Compagnies financières se sont fondées qui sont les plus puissants facteurs de la richesse de notre pays ; et l'essor sans cesse croissant des Sociétés par actions est en raison directe des progrès constants de l'industrie française.

La mise en valeur des grandes découvertes de la science moderne, le perfectionnement de l'outillage, la nécessité de lutter contre la concurrence étrangère, le besoin de produire beaucoup pour vendre bon marché, voilà autant de causes qui, en exigeant le groupement d'importants capitaux, ont amené le développement considérable des Sociétés par actions pendant ces quarante dernières années.

Malheureusement, à la faveur de la loi de 1867, la fortune publique a été souvent attirée par des promesses trompeuses ou par un agiotage effréné vers des entreprises néfastes dont l'affaire de l'Union Générale est un des plus tristes exemples.

Sans doute, les causes de ces catastrophes sont d'ordres divers ; le public lui-même, il faut bien le dire, par sa soif de gros revenus, n'est pas exempt de reproches, et il serait souverainement injuste de faire peser sur les seules imperfections de la loi de 1867, la responsabilité des désastres que nous avons eu à déplorer. Cependant, c'est à cette loi que l'on s'en prit, et de toutes parts on réclama sa révision. Une refonte en fut faite et un projet de loi nouveau qui réalisait de sérieuses améliorations fut adopté par le Sénat le 29 novembre 1884. Malheureusement ce projet ne vint jamais en discussion à la Chambre et aboutit seulement, neuf ans plus tard, à la loi du 1er août 1893, qui marque une étape nouvelle dans la voie du progrès et dont la plus importante disposition est assurément celle qui frappe d'une indisponibilité biennale les actions représentatives d'apports en nature. Enfin la loi de 1867 a été encore complétée sur deux points particuliers par celle du 9 juillet 1902 qui a créé les actions de priorité, et cette dernière loi, reconnue bientôt incomplète et d'une rédaction défectueuse, a été à son tour modifiée (mieux vaudrait dire remplacée) par celle du 16 novembre 1903.

C'est donc sous la protection des lois de 1867, 1893, 1902 et 1903 que sont placées, vivent et évoluent à l'heure actuelle les Sociétés par actions.

Aujourd'hui la réforme de ces lois est à l'étude. Quelle doit être cette réforme ?

Faut-il retourner à cinquante ans en arrière pour revenir à l'autorisation gouvernementale ou même, seulement, recourir à l'homologation par une autorité quelconque, administrative ou judiciaire, comme cela existe en Italie (1), en Allemagne (2), en Autriche (3), et même en Angleterre (4) ? Telle n'est pas mon opinion. La loi doit protéger les Sociétés ; elle ne doit pas entraver leur essor et le monde des affaires s'accommoderait mal d'une tutelle qui n'est plus dans nos mœurs.

L'idée de l'intervention d'une autorité étrangère à la Société a bien été agitée, d'abord lors de la discussion du projet de 1884, puis aux Congrès de 1889 et de 1900 ; mais la dernière Commission de réforme n'a pas cru devoir adopter cette idée et elle a agi sagement en s'en tenant, tout en l'améliorant, au texte de 1867 qui a largement fait ses preuves.

Il y a cependant lieu de regretter que la Commission extra-parlementaire, au lieu de se livrer à une refonte complète de la loi, ce qui eût été infiniment préférable, ait cru devoir procéder par voie de modifications qui, venant se juxtaposer aux lois déjà existantes, ne feront que rendre leur maniement plus compliqué et augmenteront singulièrement les difficultés d'application.

Sans doute je comprends très bien que la Commission ait eu à honneur de conserver dans l'arsenal de nos lois l'œuvre considérable des législateurs de 1867 ; mais cette dette de légitime admiration à l'égard de ses devanciers eût été suffisamment payée par le maintien, dans le projet nouveau, de la plupart des dispositions de la loi actuelle.

---

(1) Article 91 du Code de Commerce italien.

(2) En Allemagne et dans les pays qui se sont approprié le Registre du commerce, le contrôle est fait par le juge du registre. Celui-ci, en effet, a qualité pour refuser l'enregistrement s'il lui apparaît qu'il y a violation de la loi.

(3) Voir l'intéressante étude du savant professeur M. E. Thaller dans la *Revue Politique et Parlementaire*, année 1903, p. 98.

(4) En Angleterre, le « Registrar », sans appartenir précisément au personnel judiciaire, tient pourtant des mœurs et des lois un pouvoir juridictionnel.

Il eût donc été préférable de tout remettre dans un même creuset d'où serait sortie une codification d'ensemble, réunie en un seul bloc dans un projet de loi se suffisant à lui-même, et ce projet aurait eu l'avantage, tout au moins, d'être plus clair et d'un maniement plus facile.

Ce sentiment, d'ailleurs, ne m'est pas personnel; il a été exprimé par M. Gustave Couve, dans le rapport qu'il a présenté le 12 janvier 1904 à la Chambre de Commerce de Marseille; par M. Lemarchand, dans son rapport du 11 mai 1905 à la Chambre de Commerce de Rouen; par M. Guilland, dans son rapport à la Société pour la Défense du commerce de Marseille.

Ce dernier s'exprime ainsi (p. 5) :

« Supposons que ce projet devienne loi; voit-on, en présence de pareils
« rébus, ces braves actionnaires dont on désire protéger l'épargne, obligés
« de compulser lois sur lois, de les adapter l'une à l'autre, avant même d'essayer
« de les comprendre. Ils auront plus tôt fait de s'en aller trouver un notaire
« ou un avocat, et encore faudra-t-il que cet homme de loi se soit livré à des
« études spéciales qui lui permettront de se reconnaître dans ce maquis
« législatif.

« Pour agir ainsi, la Commission avait-elle de puissants motifs ? La loi de
« 1867, dit-elle, contient des choses excellentes qu'il eût été regrettable de
« supprimer. Mais qui parle de reléguer toutes les dispositions de cette loi au
« magasin des vieux accessoires?

« Tout le monde reconnaît qu'elle a été le résultat d'un travail énorme,
« digne d'éloges et même d'admiration. Personne ne conteste que beaucoup de
« ses articles ne doivent être soigneusement conservés. Et l'on aurait su gré à
« la Commission d'agir ainsi, sans mépris pour ses aînées, mais aussi sans féti-
« chisme déplacé. »

Ces paroles marquées au coin du bon sens, et dont la vigueur toute méri-
dionale augmente l'attrait, émanent du distingué Président d'un groupe important où se coudoient les plus hautes personnalités commerciales de notre grande cité, c'est dire qu'elles reflètent les véritables aspirations du monde des affaires auprès duquel doivent se documenter ceux qui sont appelés à nous forger des lois.

Mais je m'attarde trop à ces questions préliminaires et il est temps d'abor-
der l'examen des réformes proposées.

Vous n'attendez pas de moi, cependant, que je suive pas à pas l'œuvre de la Commission en commentant chacun des articles du projet; ce travail serait, sans nul doute, au-dessus de mes moyens et m'obligerait à sortir du cadre que je me suis tracé.

Aussi, me bornerai-je à des observations générales, pour arriver le plus vite possible à la question qui intéresse vraiment le Congrès, c'est-à-dire à la déclaration de souscription et de versement, pour laquelle le projet de loi a cru devoir supprimer l'intervention du notaire.

## II

Les dangers que les Sociétés par actions peuvent faire courir à leurs actionnaires et aux tiers ont des sources diverses. Vouloir les tarir toutes serait pure chimère, car il est une chose qu'aucune loi ne pourra jamais réglementer : c'est la conscience humaine, dont le plus ou le moins d'élasticité est en raison directe du degré de probité des individus. Il appartient, d'ailleurs, au public, de montrer l'étendue de sa clairvoyance en sachant se rapprocher des uns et se garder des autres. Mais, hélas! la loi aura beau édicter des préceptes rigoureux, élever des murailles de Chine contre les fraudeurs, elle n'empêchera pas certains hommes d'être entrainés par leurs penchants mauvais ou d'être seulement victimes de leur excès de confiance dans autrui.

Sous réserve de ces imperfections inhérentes à la nature humaine, causes souvent de bien des malheurs, j'estime que l'état précaire de bon nombre de Sociétés par actions a son origine, le plus ordinairement :

1° Dans les vices de la souscription ;

2° Dans la majoration des apports en nature.

Mais, à ces causes principales, je devrais encore ajouter les irrégularités de rédaction des statuts qui engendrent une foule de procès, l'incurie souvent constatée des administrateurs, ou le trop de complaisance des commissaires des comptes et encore, pourquoi ne pas le dire, le trop d'indulgence dont font preuve, parfois, à l'égard de ces agents sociaux, les tribunaux appelés à connaitre de leurs fautes.

Il n'est pas rare, en effet, de constater, non sans étonnement, que des procès engagés à la suite de certains désastres retentissants, se sont solutionnés par des déboutements stupéfiants ou par des condamnations légères, alors que les poursuivis avaient cependant consommé, par leurs agissements, des ruines irréparables.

Je suis convaincu qu'une interprétation plus judicieuse des règles du mandat et une application plus sévère des articles 13, 14, 15, 16 et 45 de la loi de 1867 éviteraient bien des catastrophes, en rendant plus vigilants ceux qui ont pris en charge les capitaux qui leur ont été confiés.

Alors, peut-être, reconnaitrait-on que la loi actuelle peut se suffire à elle-même et que pas n'est besoin de demander au législateur des armes nouvelles.

Sans doute, on pourrait apporter aux textes en vigueur des modifications d'ordre secondaire dont la jurisprudence a montré l'utilité, mais on éviterait de compliquer davantage des textes qui le sont déjà suffisamment par eux-mêmes.

Cependant, puisque le mal est fait, il n'y a pas à y revenir et contentons-nous d'examiner comment a procédé la Commission pour remédier aux maux signalés.

### III

L'article premier du projet, après avoir comblé une lacune de la loi de 1893, en fixant à 25 francs le minimum de libération des actions comprises entre 25 et 100 francs, exige que chaque souscription soit constatée par un bulletin signé du souscripteur.

Ce bulletin doit contenir les énonciations suivantes :

1° La raison sociale, et, s'il y a lieu, la dénomination de la Société ;

2° Le siège social ;

3° La durée de la Société ;

4° L'objet de l'entreprise ;

5° Le montant du capital social et le taux de chaque action ;

6° La désignation de l'établissement où les fonds doivent être déposés ;

7° Le mode de libération pour chaque action ;

8° L'énumération des avantages stipulés au profit du gérant ou de toute autre personne ;

9° La désignation des apports et le mode de rémunération proposé ;

10° La forme dans laquelle doivent être faites les convocations aux assemblées générales ;

11° Enfin la référence au *Bulletin annexe du Journal officiel* dans lequel aura été faite la publication du projet des statuts, conformément à l'article 58.

Avec les Chambres de Commerce dont j'ai eu la bonne fortune de connaître les décisions, je pense que la création du bulletin de souscription, dans les formes que je viens d'indiquer, constitue, de la part de la Commission de réforme, une heureuse innovation ; mais, avec elles aussi, je formule des réserves contre la création du *Bulletin annexe du Journal officiel* qui, d'après le projet de loi, devrait contenir toutes les publications concernant les Sociétés et notamment la publication du projet de statuts dont l'utilité me paraît plus théorique que pratique.

M. Gustave Dubar, dans son rapport à la Chambre de Commerce de Lille (p. 17), s'élève vigoureusement contre la conception de ce *Bulletin officiel* :

« On a fait le calcul, dit-il, de ce que représenterait comme texte la concen-
« tration des annonces légales de la France entière.

« Le *Bulletin des Maîtres-Imprimeurs de Lyon* estime qu'il faudrait
« chaque jour 200 pages du type du *Journal officiel* pour les contenir toutes.

« Pour subvenir aux frais d'une semblable publication, il faudrait surélever
« considérablement le coût des insertions à un moment où l'on tend à diminuer

« les frais judiciaires plutôt qu'à les augmenter, ou fixer l'abonnement à un
« prix tel que le *Recueil spécial* serait inabordable pour le grand public, partant
« totalement inutile au point de vue de la publicité des documents y contenus.

« Pour ne pas devenir d'une consultation impossible, le *Recueil spécial*
« devrait contenir une table annuelle alphabétique, régionale et par genre
« d'affaires, dont l'établissement demanderait beaucoup de temps et d'argent.
« Tous les cinq ou tous les dix ans, il faudrait renouveler ces tables à grands
« frais.

« Dans ces conditions, la création d'un recueil spécial risque fort d'être
« une mauvaise affaire pour l'État.

« Quant à l'abonné du *Recueil spécial*, juge-t-on de son embarras de rece-
« voir chaque jour la valeur d'un volume de prose juridique qu'il sera obligé
« de conserver sur les rayons d'une bibliothèque colossale parce que, ici ou là,
« se trouvera une page qui l'intéresse ? »

Au lieu d'une telle publication dont l'avantage serait illusoire, ne serait-il
pas plus sage de prescrire que les statuts seront établis et arrêtés avant tout
appel au public et que le bulletin de souscription mentionnera seulement l'indi-
cation du notaire chez qui les statuts auront été établis ou déposés ? De cette
manière les souscripteurs auraient toute facilité pour consulter ce document
et il ne serait plus possible aux fondateurs d'y apporter aucune modification
jusqu'au jour de l'assemblée générale constitutive qui, seule, aurait pouvoir de
le réviser.

Le même article premier du projet dispose ensuite que les fonds à provenir
des souscriptions seront versés dans l'un des établissements suivants : Banque
de France, Caisse des Dépôts et Consignations ou Crédit Foncier de France.
Pourquoi cette limitation ? C'est là une suspicion gratuite à l'égard des autres
grands établissement de crédit qui offrent cependant suffisamment de garantie
pour ne pas être exclus. Aussi préférons-nous la proposition de la Chambre de
Commerce de Lille qui demande d'autoriser le dépôt dans les maisons de banque,
même régionales, *ayant un important capital et au moins dix ans d'existence.*

Enfin la déclaration de souscription et de versement ne serait plus faite
par acte notarié ; la Commission a remplacé cet acte par une déclaration des
fondateurs faite au Greffe du Tribunal de Commerce.

C'est là une innovation qui nous atteint directement ; son importance ne
vous échappera pas, et c'est pourquoi je me réserve d'en faire plus loin la
partie principale de ce rapport.

## IV

La majoration des apports, avons-nous dit plus haut, est un des maux les
plus sérieux qui atteignent les Sociétés par actions.

Il n'est pas rare, en effet, dans la pratique des affaires, de voir tel apporteur, qui aurait consenti à céder son industrie ou son commerce à un prix convenable, majorer ce prix dans des proportions excessives sous le prétexte que, faisant l'apport de son bien à une Société, il va recevoir en contre-valeur des actions de cette Société dont il subira désormais tous les aléas.

D'autres fois, le fondateur n'aura pas su se garder assez des griffes de financiers peu scrupuleux, monteurs de Sociétés, comme il en existe malheureusement, auxquels il aura eu l'imprudence de s'adresser pour la souscription du capital numéraire, et il sera porté à majorer, au delà de toute mesure, la valeur de son apport en nature, afin de trouver, dans cette majoration, un dédommagement aux sacrifices qu'il s'est imposé pour satisfaire les appétits de ces intermédiaires néfastes, auxquels n'aurait pas suffi l'honnête commission que les usages admettent au titre des frais de constitution.

Et si les souscripteurs n'y prennent pas garde, si l'appréciation des apports en nature n'est pas faite de la façon la plus rigoureuse, la Société se constituera sur ces bases désastreuses. Son capital, démesurément grossi, pèsera lourdement sur ses épaules, et, si elle n'en meurt pas, elle sera, du moins, dans la plupart des cas, vouée à une existence précaire.

On sait, d'ailleurs, que les souscripteurs ne prêtent, le plus souvent, qu'une oreille distraite aux délibérations de l'assemblée, ou bien, ils subissent complaisamment des influences dont, je le reconnais, il n'est pas toujours aisé de se défaire, et, dans ces conditions, les fondateurs peuvent enlever facilement un vote qui fera porter la nomination des commissaires vérificateurs sur des personnalités entièrement à leur dévotion.

Il faut donc que le choix des commissaires porte sur des personnes absolument indépendantes et dont l'intégrité et la compétence offrent le maximum de garanties pour la sincérité de leur mission.

Dans une très intéressante Étude sur la réforme des Sociétés par actions, publiée dans la *Revue Politique et Parlementaire* de janvier 1903, M. Thaller, s'inspirant du régime allemand, préconise le système de l'expertise des apports par des *Reviseurs* officiels. Seulement, ces agents, au lieu d'être directement désignés par l'autorité administrative ou judiciaire, ce qui, comme je l'ai dit, s'accommoderait mal avec l'esprit libéral qui domine en France, seraient librement choisis par la Société, suivant le vœu de M. Thaller, parmi les membres d'une Association à créer sur le modèle de celle établie en Angleterre par la Charte Royale du 11 mai 1880 et appelée *The Institute of Chartered accountants in England and Wales*.

Déjà, l'idée des experts officiels s'était fait jour dans divers articles publiés en 1902, par M. Fabrice Durand, dans *Le Rappel* (n⁰ˢ des 28 et 30 mars ; 7, 18, 26 et 28 juin ; 18 et 31 juillet 1902), et par M. Mauchez dans *Le Temps* (n⁰ˢ des

7 juillet, 13 et 27 octobre 1902). Aussi, le vœu de M. Thaller était bon à retenir et l'on ne peut que regretter que le projet de loi déposé n'en ait tenu aucun compte. On est même surpris qu'il n'ait pas cru devoir faire le moindre pas dans la voie du progrès sur un point aussi important et qui touche de si près aux intérêts vitaux des Sociétés.

La Commission, en effet, a conservé intact le texte de l'article 4 ancien, en y ajoutant seulement un dernier alinéa pour comprendre les parts de fondateurs ou bénéficiaires parmi les avantages soumis à vérification.

Il est vrai que par son article 58 le projet de loi prescrit, au cas d'apports en nature, la publication, avec les statuts, d'une notice détaillée faisant connaître la nature et la valeur des apports ou la cause des avantages particuliers. Mais l'expérience nous a appris le cas que l'on doit faire de ces notices, dont la pratique, d'ailleurs, n'est pas nouvelle et qui, émanant des fondateurs eux-mêmes, sans contrôle préalable, ont eu, le plus souvent, un effet contraire à celui que semble en attendre la Commission.

Aussi, le système de l'expertise me paraît le seul capable de donner satisfaction. Sans doute, en l'état de la législation actuelle, les auteurs et la jurisprudence reconnaissent à l'assemblée constitutive le droit d'y recourir, mais on sait que, dans la pratique, cela ne se passe jamais ainsi, et je pense qu'il eût été bon, pour éclairer les actionnaires sur l'étendue de leurs droits, que le texte du projet contint la faculté de recourir à cette expertise, ainsi, d'ailleurs, que l'avait décidé la Commission de 1884.

C'est dans cet esprit que M. Bourcart, professeur de droit commercial à la Faculté de Nancy, s'inspirant, comme M. Thaller, de la législation allemande, a, dans son rapport à la Société Industrielle de l'Est, du 2 mars 1904, proposé d'ajouter à l'article 4 du projet le paragraphe suivant :

« Les corps représentant le commerce et l'industrie (Chambres de Com-
« merce, Chambres consultatives des Arts et Manufactures, Sociétés indus-
« trielles, etc...) ont qualité pour dresser des listes d'experts auxquels les
« Sociétés *peuvent* recourir pour l'évaluation des apports en nature et des
« avantages particuliers. »

## V

J'ai cru devoir donner un certain développement aux deux points que je considère comme les plus essentiels de la réforme de la loi des Sociétés par actions, parce que j'estime que le jour où la fraude aura été enrayée en matière de souscription du capital et où les majorations d'apports en nature auront été rendues plus difficiles, le législateur aura résolu la partie la plus importante du problème qui nous occupe.

Mais le projet de la Commission renferme encore d'autres modifications à la loi de 1867 sur lesquelles je ne crois pas devoir m'appesantir pour ne pas repousser trop loin les limites de ce travail.

Certaines de ces modifications constituent d'heureuses innovations. Telles sont : la suppression du dépôt au Greffe de la Justice de Paix qui fait double emploi avec celui effectué au Tribunal de Commerce ; le pouvoir pour les actionnaires des commandites de se faire remettre copie du bilan et du rapport du conseil de surveillance ; l'extension du pouvoir de contrôle des commissaires des Sociétés anonymes qui devient permanent au lieu de temporaire qu'il était auparavant.

D'autres, au contraire, ne sont pas exemptes de critiques et, sans parler à nouveau de la création projetée du *Bulletin annexe du Journal officiel* sur lequel je vous ai déjà dit ce que je pensais, je trouve encore excessif de donner à l'assemblée générale extraordinaire, comme le fait le projet, le pouvoir de *changer* l'objet social.

On ne saurait admettre, en effet, qu'un actionnaire entré dans une Société qui a pour objet, par exemple, l'industrie de l'électricité puisse tout à coup et sans son consentement être précipité dans une fabrique de chocolat.

C'est pourtant à une telle monstruosité que l'on pourrait aboutir avec le texte actuel du projet de loi, s'il n'était sérieusement amendé pour lui donner une rédaction offrant plus de garanties.

Je conçois très bien, je trouve même nécessaire, ainsi que l'ont prouvé certains procès importants, que l'on donne à l'assemblée extraordinaire le pouvoir d'étendre où de restreindre l'objet social ; mais le transformer totalement au point de ne plus le reconnaître, cela me paraît inconcevable.

Il y aurait certainement encore beaucoup à s'étendre si l'on voulait se livrer à une étude complète des différents articles du projet. Cependant j'arrêterai là ma trop sommaire incursion à travers les modifications d'ordre secondaire, car j'ai hâte d'arriver à la question qui m'obsède, c'est-à-dire au rôle du notaire en matière de constitution des Sociétés par actions que la Commission a cru devoir supprimer.

### VI

Pour traiter ce sujet, je voudrais me dépouiller un instant de ma qualité de notaire pour parler en toute indépendance.

J'ai le devoir, en effet, de n'envisager la question qu'au point de vue de l'intérêt public, en dehors de toute préoccupation d'ordre professionnel. C'est à cette condition seulement que je ferai œuvre utile et que ce rapport pourra, comme j'en ai l'espérance, dépasser les limites de cette enceinte.

Cette impartialité, d'ailleurs, qu'il faut que je m'impose, je n'aurai pas grand effort à faire pour l'acquérir, car si, au cours de ce raisonnement, l'intérêt des notaires trouve son compte, j'ai la conviction intime et profonde, que les Sociétés et les actionnaires sont plus intéressés que nous au succès de la cause que j'ai la mission de défendre.

Je prétends, en effet, et je me propose de prouver qu'en rendant notre ministère plus efficace, le législateur donnera aux groupements sociaux une sécurité qui leur ferait défaut si on laissait le champ libre aux officines louches de monteurs d'affaires qui ne manqueraient pas de s'instituer et qui, échappant à toute responsabilité, n'étudieraient la loi nouvelle que pour mieux connaître les moyens de la tourner.

Aussi, non seulement je crois nécessaire de conserver au notaire le soin de recevoir la déclaration de souscription et de versement, sauf à donner à cet acte les moyens d'offrir plus de garanties, mais encore je voudrais, si ce n'était trop demander, que le contrat social lui-même fût rédigé en la forme notariée.

Que se passe-t-il, en effet, dans bien des cas ?

Le fondateur, au lieu de confier au notaire le soin de rédiger les statuts, les établit lui-même au moyen d'emprunts et de coupures qu'il fait dans les statuts de Sociétés diverses; il arrive ainsi chez cet officier public avec un projet qui manque souvent d'unité, contenant même parfois des stipulations critiquables que le fondateur abandonne d'autant plus difficilement qu'il en a copié le texte dans les statuts de Sociétés préexistantes jouissant même d'une grande faveur.

Or, il ne faut pas perdre de vue que toutes les irrégularités d'une Société ne donnent pas forcément lieu à difficultés et à procès. Lorsqu'une Société est prospère, distribue de gros dividendes, personne ne se plaint et tout va pour le mieux. Mais, dès que la Société périclite, la scène change et l'on voit bientôt les intéressés, créanciers ou actionnaires, critiquer tout ce qui, à leurs yeux, peut paraître critiquable.

De deux choses l'une : Ou le fondateur se rendra facilement aux observations du notaire et alors celui-ci n'hésitera pas à mettre sa signature au bas des statuts par lui révisés.

Ou bien il résistera aux objections qui lui sont faites et alors le notaire, soucieux de son bon renom et de sa propre responsabilité, refusera son ministère.

Que fait alors ce fondateur ?

Il s'empresse de recourir à la forme sous seing privé et, dans ces conditions, la Société se constitue sur la base d'un contrat défectueux, susceptible d'engendrer les pires conséquences dont les actionnaires sont appelés à être les premières victimes.

Voilà pourquoi, dans l'intérêt même des Sociétés, je me prononce en faveur des statuts notariés.

Toutefois une loi qui entrerait dans cette voie devrait en même temps, pour être juste et équitable, apporter un tempérament aux prescriptions trop rigoureuses de l'article 22 de la loi de finances du 11 juin 1859, en déclarant que ne seraient plus réputés actes passés en conséquence les statuts notariés où seraient énoncés des marchés et traités commerciaux.

La Commission de réforme, vous ai-je dit, a, par l'article premier du projet, supprimé l'acte notarié de souscription et de versement, en stipulant que cet acte sera passé au Greffe du Tribunal de Commerce. De telle sorte que si le projet de loi était adopté sans modification, le rôle des notaires disparaîtrait, officiellement tout au moins.

Devons-nous accuser seule la Commission de cette grave innovation ? Et, dans l'initiative qu'elle a prise à notre encontre, n'avons-nous pas notre part de responsabilité ?

Je ne parlerai pas des déclarations de souscriptions faites parfois trop à la légère, comme la jurisprudence nous en offre malheureusement de nombreux exemples. Mais il me semble que, depuis quelques années surtout, les notaires marquent, en matière de constitution de Sociétés, une réelle affection pour l'acte sous seing privé chaque fois que la forme notariée n'est pas légalement obligatoire et il en est ainsi notamment de l'établissement des statuts. Cette prédilection, il est vrai, n'est souvent dictée que par un sentiment de légitime prudence, dont il faut rechercher la cause dans les rigueurs de la loi du 11 juin 1859, et c'est pourquoi je demandais tout à l'heure au législateur d'apporter quelques adoucissements aux exigences de cette loi. Mais, sous ces réserves qu'il était nécessaire de formuler, on ne peut nier cependant que les fondateurs, en demandant à leur notaire de les guider dans les opérations de constitution, ont entendu, à n'en pas douter, placer leurs actes sous la protection de son ministère. Comme conséquence, ils sont en droit d'exiger le maximum de garanties que comporte l'acte public.

En abritant notre responsabilité derrière l'acte sous seing privé, nous enlevons à notre rôle son véritable caractère, sa seule raison d'être, et nous indiquons ainsi nous-mêmes aux réformateurs de la loi le chemin dans lequel ils se sont engagés.

En ce qui concerne plus spécialement la déclaration notariée de souscription et de versement, il faut bien reconnaître, si l'on s'en tient à la lettre de la loi de 1867, que le rôle du notaire est d'une passivité désespérante. Je crois néanmoins que, même en l'état de la législation actuelle, le notaire n'a pas accompli tout son devoir lorsqu'il accepte de recevoir un acte de cette nature, sans aucun souci de la sincérité de la déclaration.

Les notaires ne doivent pas perdre de vue qu'en leur qualité de dépositaires des statuts leur nom est appelé à figurer sur les titres des actions.

Ils doivent donc veiller à ce que la Société qui se constitue ne soit pas exposée à une action en nullité pour une cause aussi grave que le défaut de sincérité de la déclaration de souscription et de versement qu'ils ont été appelés à recevoir.

Je veux bien admettre que, dans la plupart des cas, la responsabilité pécuniaire du notaire ne sera pas engagée ; mais il est une responsabilité autrement sérieuse au point de vue professionnel, c'est celle qui peut faire perdre au notaire une parcelle de la considération à laquelle il a droit. Or, le public simpliste ne va pas peser les termes de la loi pour juger le plus ou le moins de responsabilité encourue par le notaire ; il met notaire et fondateurs dans le même sac et le notaire n'échappe pas à ses sévérités. Il peut éviter sa responsabilité pécuniaire, il n'évite pas celle que le public fait peser lourdement sur sa renommée.

Aussi je vais plus loin que les auteurs qui ont traité la question et je dis à mes confrères :

Lorsque vous aurez à recevoir une déclaration de souscription et de versement, exigez la justification du versement effectif et assurez-vous non seulement que les fonds existent, mais encore qu'ils ne pourront disparaître avant la constitution définitive de la Société.

En agissant ainsi vous aurez laissé peu de place à la fraude et vous aurez par cela même, tout en sauvegardant votre propre réputation, rendu les plus grands services à ceux que la loi de 1867 a été jusqu'ici impuissante à protéger.

Ma conviction sur ce point est tellement profonde que je demande sans hésiter au législateur de traduire par un précepte de loi, ce qui, aujourd'hui, ne peut être qu'une opinion et un avis.

Et, du reste, notre Président doit avoir souvenance de ce fondateur fameux, au nom ronflant, aux allures de financier gentilhomme, venu dans notre ville de Marseille pour constituer, sans argent, une Société au capital de plusieurs millions, avec le concours de quelques naïfs auxquels il se proposait de faire endosser l'écrasante responsabilité d'une souscription fictive.

C'est grâce seulement à la vigilance de certains de nos confrères, qui ont, en l'occurrence, montré des qualités qui sont toutes à leur honneur ; c'est grâce aussi à l'énergie que dut montrer M° Jourdan, alors président de notre Chambre de discipline, contre ce fondateur irascible décidé à ne pas lâcher prise, que de tels plans purent être déjoués et que furent sauvés de la ruine et peut-être du déshonneur ceux qui, trop confiants ou trop ignorants, s'étaient laissé prendre à un malsain mirage.

Des exemples de cette nature valent mieux que tous les raisonnements pour justifier la thèse que je soutiens.

Je demande donc aux réformateurs de la loi d'obliger les notaires à annexer à la déclaration notariée de souscription et de versement l'attestation du banquier dépositaire des fonds constatant la matérialité des versements effectués par chaque souscripteur. Un mot du législateur suffira, d'ailleurs, pour supprimer le droit de titre de 1 0/0 que l'Administration de l'Enregistrement est en droit d'exiger sur cette annexe, en l'état de la loi fiscale actuelle.

De plus, le dépôt des fonds au compte des fondateurs devra être banni, car ceux-ci auraient trop de facilités pour retirer les fonds prématurément.

L'attestation devra établir, en outre, que les fonds ont été portés au compte de la Société en formation ; de cette manière le banquier dépositaire ne pourra plus s'en dessaisir qu'en mains des représentants légaux de la Société après sa constitution définitive ou bien, dans le cas où cette constitution ne pourrait aboutir, en mains des souscripteurs eux-mêmes, après notification du procès-verbal de l'assemblée constatant que la Société n'a pu se constituer.

Lorsqu'une déclaration de souscription aura été faite dans ces conditions, lorsque ensuite la vérification sera passée au crible de l'assemblée constitutive, je crois pouvoir affirmer que les actionnaires auront obtenu le maximum de sécurité ; et, en ce qui concerne l'acte notarié lui-même, le public trouvera dans la responsabilité attachée aux actes du notaire la garantie que ne pourrait lui donner la simple déclaration effectuée au Greffe du Tribunal de Commerce proposée par le projet déposé à la Chambre, le 3 avril 1903.

La suppression de l'acte notarié, disent les partisans de cette suppression, réalise une appréciable économie, en dispensant les Sociétés de payer aux notaires des honoraires élevés.

C'est cet argument, qu'ont fait valoir les hommes de doctrine pure ; je le retrouve dans le rapport présenté par M. Bourcart à la Société Industrielle de l'Est (p. 12), aussi bien que dans l'étude publiée par M. Thaller, professeur à la Faculté de Paris, dans le numéro de janvier 1903 de la *Revue Politique et Parlementaire* (p. 108, note 1). Cependant, si je consulte l'intéressant article sur la responsabilité des notaires en matière de Sociétés par actions, publié dans le numéro de février dernier des *Annales de Droit commercial*, dont le Comité de rédaction ne comprend que des professeurs de Facultés à la tête desquels est M. Thaller, je lis ceci :

« On ne saurait imposer à l'officier public l'obligation de se livrer à un « contrôle de fond. Les souscriptions sont-elles fictives ou non, les espèces qui « représentent le premier quart des actions et dont il y a entre les mains des « fondateurs un récépissé en double, ont-elles été réellement encaissées ? Ce « sont des points sur lesquels le notaire n'est pas en mesure de se renseigner. « *Mais un contrôle de forme n'aurait rien de choquant ni d'insolite, et on* « *agirait dans le sens des principes généraux de la responsabilité en l'exi-* « *geant.* »

Je suis heureux de constater que cette opinion émise dans une Revue publiée par les plus éminents juristes est en complète harmonie avec les idées que je viens d'émettre moi-même, et je pense l'avoir parfaitement traduite en demandant que l'intervention du notaire soit rendue plus efficace.

Quant à la question d'économie soulevée sur les frais de constitution, elle est plus apparente que réelle. Que les hommes de doctrine aient pu croire à cette économie, je ne trouve à cela rien d'étonnant. Ceux-ci, dans le domaine juridique, planent à des hauteurs trop élevées pour que les aspirations du public et les besoins de la clientèle puissent atteindre jusqu'à eux. Pour connaître ces aspirations et ces besoins, sans nous arrêter au témoignage des notaires, qui cependant sont journellement aux prises avec les difficultés de la pratique mais dont l'avis pourrait être taxé de partialité, j'ai le devoir de m'adresser au public lui-même ou, plutôt, à ses représentants directs qui sont les Chambres de Commerce.

Or, voici comment s'exprime M. Gustave Couve, dans son remarquable rapport adopté par la Chambre de Commerce de Marseille :

« Il est bien certain que les fondateurs auront plus que jamais, dans le « dédale des lois nouvelles, besoin de s'entourer de conseils. Ne faut-il pas « redouter l'intervention d'agents d'affaires plus ou moins consciencieux, dont « les services non tarifés seront payés, dans certains cas, plus cher que ceux « du notaire, et dont la responsabilité, même morale, sera certainement plus « illusoire ? Nous croyons donc que le notaire, officier public, paraît mieux « désigné ; mais il faudrait qu'il eût le devoir de se faire justifier que toutes « les prescriptions de la loi ont bien été remplies, et que sa responsabilité fût « engagée, dans une certaine mesure, en cas d'irrégularités. »

Ce même sentiment, je le retrouve exprimé encore dans le rapport de M. Guilland à la Société pour la Défense du Commerce de Marseille (p. 22) :

« Peut-on raisonnablement supposer, dit M. Guilland, que la loi suffira à « guider les fondateurs de Sociétés et que ceux-ci, à défaut d'un notaire, ne « consulteront pas un avocat ou un homme d'affaires ? Et ces consultations « seront-elles plus gratuites que le ministère du notaire, si même elles ne « sont pas plus coûteuses parfois, sans être toujours aussi efficaces ? »

M. Lemarchand, dans son rapport à la Chambre de Commerce de Rouen, se prononce dans le même sens et M. Gustave Dubar formule les mêmes craintes dans son rapport à la Chambre de Commerce de Lille. Je suis du reste convaincu que bien d'autres Chambres de Commerce émettront les mêmes sages avis le jour où elles auront à s'occuper de la question ; aussi je n'insisterai pas davantage, car la cause me paraît étendue.

Pourtant, puisque le mot d'économie a été prononcé, je voudrais démontrer à nos détracteurs que la véritable économie n'est pas du côté qu'ils supposent.

Je prétends, au contraire, que, dans bien des cas, la sage intervention du notaire fera réaliser aux Sociétés des économies autrement sérieuses, auprès desquelles les honoraires que le tarif légal nous accorde apparaissent comme bien peu de chose.

Chacun sait combien est délicate, au point de vue fiscal, la rédaction d'un contrat de Société.

Une rédaction imprudente et inhabile se traduira souvent par des droits d'enregistrement considérables qui causeront aux intéressés de douloureuses surprises, alors qu'il eût été facile de ramener la perception fiscale à de plus justes proportions par une rédaction mieux appropriée.

Il faut n'avoir jamais constitué de Société pour ne pas avoir été le témoin de quelqu'une de ces réclamations formidables des receveurs qui glacent d'effroi les fondateurs et ont pour résultat immédiat de grossir démesurément les frais de constitution.

Or, la crainte du receveur, pour le rédacteur des statuts, doit être le commencement de la sagesse. Les agents du fisc guettent les contrats au tournant de chaque clause, et malheur au rédacteur inexpérimenté qui se sera livré à des énonciations imprudentes ou qui n'aura pas su se garder suffisamment contre les rigueurs de la loi de Frimaire si pleine d'écueils.

Il faut donc, si l'on veut éviter de pénibles et onéreuses surprises, que les actes soient établis par des praticiens rompus au mécanisme de la loi fiscale.

Dans cet ordre d'idées, vous me reconnaîtrez, j'espère, le droit d'affirmer que les notaires, mieux que quiconque, par leurs rapports journaliers avec l'Administration de l'Enregistrement ont acquis, en la matière, une expérience et une autorité incontestables dont les Sociétés sont appelées à largement bénéficier.

Erreur donc de dire que la suppression de notre ministère dans la constitution des Sociétés par actions réaliserait une économie. Je crois avoir suffisamment prouvé le contraire.

Et puisqu'un vent de réforme a soufflé sur le régime des Sociétés par actions, je conclus en demandant au législateur de maintenir l'intervention du notaire, en la rendant plus effective dans les actes de constitution et cela pour le plus grand profit des Société et de l'épargne publique.

VII

Dans l'étude que je viens de soumettre à votre appréciation, j'ai essayé de mettre en lumière ce qu'il conviendrait de faire, suivant moi, pour donner au fonctionnement des Sociétés par actions des bases plus solides, et dans tout ce travail je n'ai été animé que d'une seule préoccupation : la sauvegarde de la fortune publique.

Je vous ai indiqué la voie dans laquelle je voudrais voir entrer le législateur. Mais lorsqu'on aura donné aux actionnaires le maximum de sécurité ; lorsque le capital social aura été mis à l'abri des appétits malsains, la loi qui aura atteint ce but aura-t-elle accompli toute son œuvre ? Je ne le crois pas.

Dans une Société ou Compagnie importante il n'y a pas que des actionnaires à protéger. Ceux-ci ont pu, par l'apport de leurs capitaux, permettre à une affaire de se constituer et de prospérer ; mais au-dessous d'eux, il existe encore le personnel de bureau et le personnel ouvrier qui, apportant chaque jour leur pierre à l'édifice, ne sont pas étrangers au succès de l'entreprise, et c'est à ce titre qu'ils ont droit, autant que la Société elle-même, à la sollicitude des Pouvoirs publics.

Il ne faut pas que ces modestes collaborateurs puissent envisager avec angoisse la situation qui sera faite, à eux et à leurs familles, le jour où, vaincus par les ans ou par les infirmités, ils seront dans la nécessité d'abandonner le bureau ou l'atelier.

Je sais qu'en parlant ainsi, j'entre dans le cœur d'un des problèmes sociaux les plus graves ; mais puisque la question est plus que jamais à l'ordre du jour, j'estime que tout être humain qui a un cœur qui aime, une tête qui pense a le droit et même l'impérieux devoir d'exprimer au grand jour le résultat de ses méditations sur un sujet aussi passionnant.

C'est pourquoi je demande à la loi nouvelle d'être complète et franchement libérale, et elle sera l'une et l'autre lorsque, après avoir donné au capital social l'appui qu'il réclame, elle aura ensuite amélioré, dans la mesure du possible, le sort des plus humbles.

Sans doute, il est juste que ceux qui ont exposé leurs capitaux en retirent tous les profits ; mais ne faut-il pas aussi que ceux qui peinent chaque jour pour vivre de leurs salaires soient directement intéressés à la prospérité de l'entreprise, et le meilleur moyen pour atteindre ce but n'est-il pas de les admettre, dans une certaine mesure, au partage des bénéfices sociaux ?

Le jour où ce progrès sera réalisé, les intéressés écouteront peut-être d'une oreille moins attentive ceux qui, sous prétexte d'humanité et de socialisme, ont fait de la gréviculture leur profession habituelle et lucrative.

Nous connaissons des Sociétés où, sans attendre une obligation légale, les fondateurs ou administrateurs, bien aises de manifester autrement que par des paroles vaines, leur sympathie pour leurs ouvriers, ont demandé à leurs actionnaires de laisser dans la caisse sociale une fraction des bénéfices pour constituer un fonds de prévoyance au profit du personnel.

C'est en voyant ce qui se passe dans ces Sociétés que je me suis demandé s'il ne serait pas possible de rendre obligatoire, en la généralisant, une mesure qui n'a été, jusqu'ici, qu'un effort louable de quelques-uns.

J'ai pensé que, lorsque les actionnaires ont assuré la sécurité de leur capital par la constitution de la réserve légale ; lorsqu'ils ont reçu, à titre de premier dividende, l'intérêt à 5 0/0 l'an de leurs mises, on pourrait, sans grave danger pour eux et sans leur causer un préjudice appréciable, forcer les Sociétés à prélever sur l'excédent des bénéfices à distribuer une quotité de 5 0/0, par exemple, pour alimenter une caisse de prévoyance ou de retraite au profit du personnel du bureau et du personnel ouvrier.

Si l'on tient compte que les plus grandes entreprises sont aux mains des Sociétés par actions ; que, par conséquent, ce sont elles qui emploient le personnel le plus nombreux, on est en droit d'affirmer que le jour où le législateur aura fait un pas dans la voie que j'indique, la question des retraites ouvrières pourra être plus facilement résolue.

Une telle mesure, d'ailleurs, où se manifesterait d'une façon aussi évidente l'étroite solidarité entre le capital et le travail, ne manquerait pas d'être adoptée bientôt par toute l'industrie privée, pour entrer définitivement dans nos mœurs.

Les notaires, je ne l'ignore pas, ont le cœur ouvert aux idées généreuses ; on les retrouve dans toutes les œuvres de saine philanthropie ; aussi, est-ce avec confiance que je leur livre mes aspirations ; la semence, je le sais, tombera dans un terrain admirablement préparé, et, si ma proposition peut faire son chemin pour arriver jusqu'à nos législateurs, j'aurai la joie de penser que c'est au sein de ce Congrès qu'elle aura pris naissance.

P. MARIA,

notaire à Marseille.

Ce rapport entendu, le Congrès des Notaires de France félicite Me Maria de son travail et en vote l'impression.

Le Président du Congrès,

Théo. JOURDAN,

notaire à Marseille.